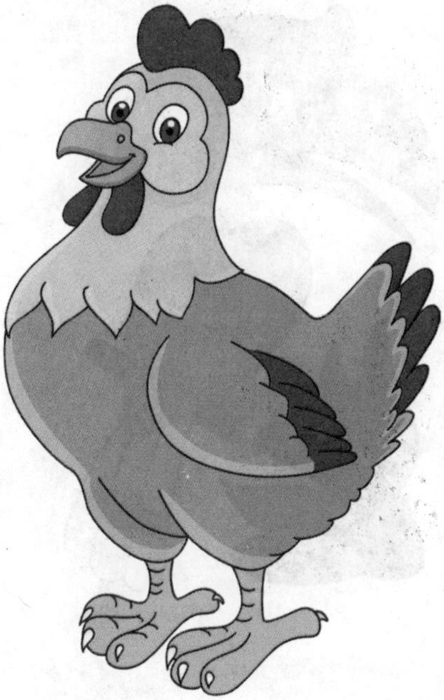

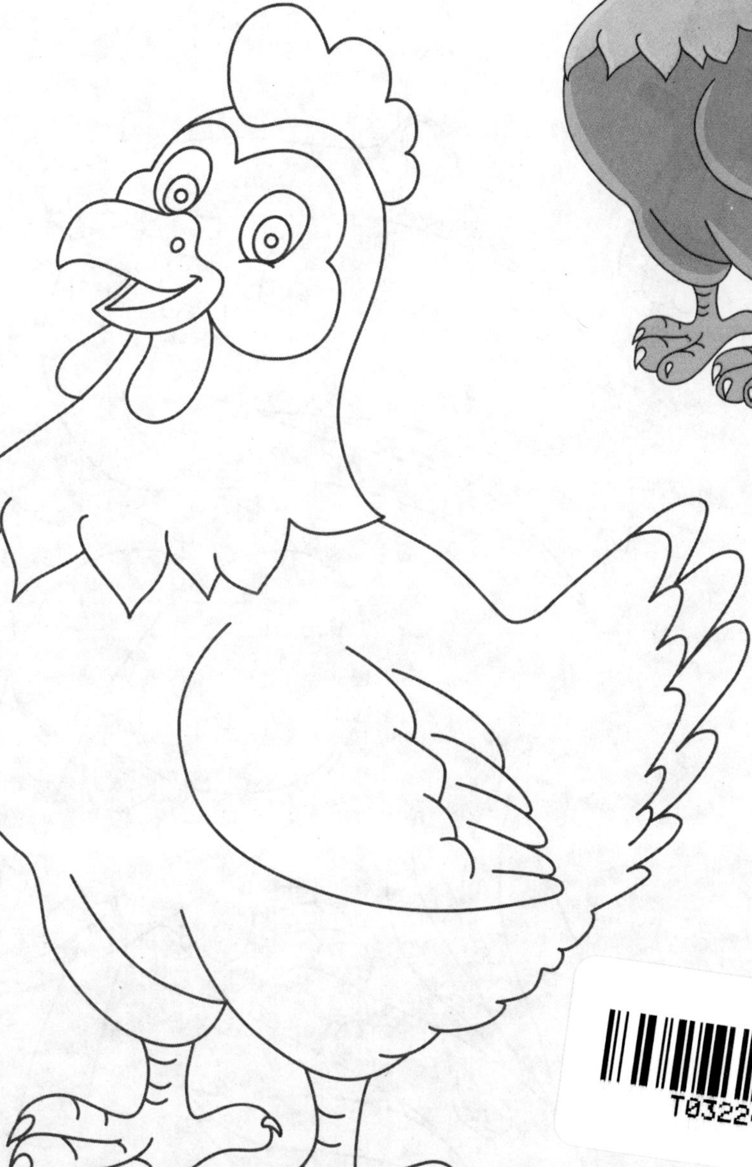

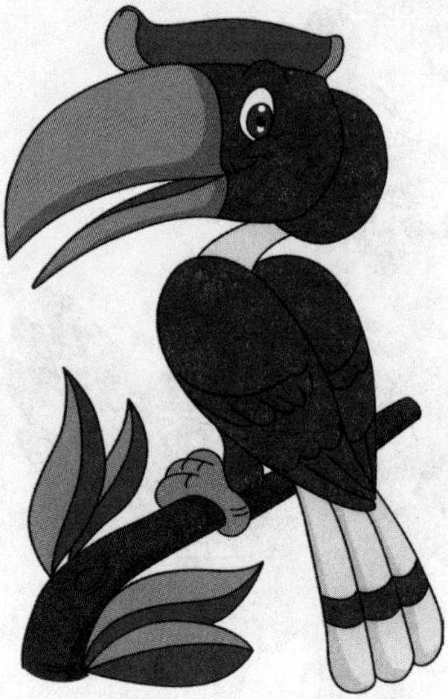

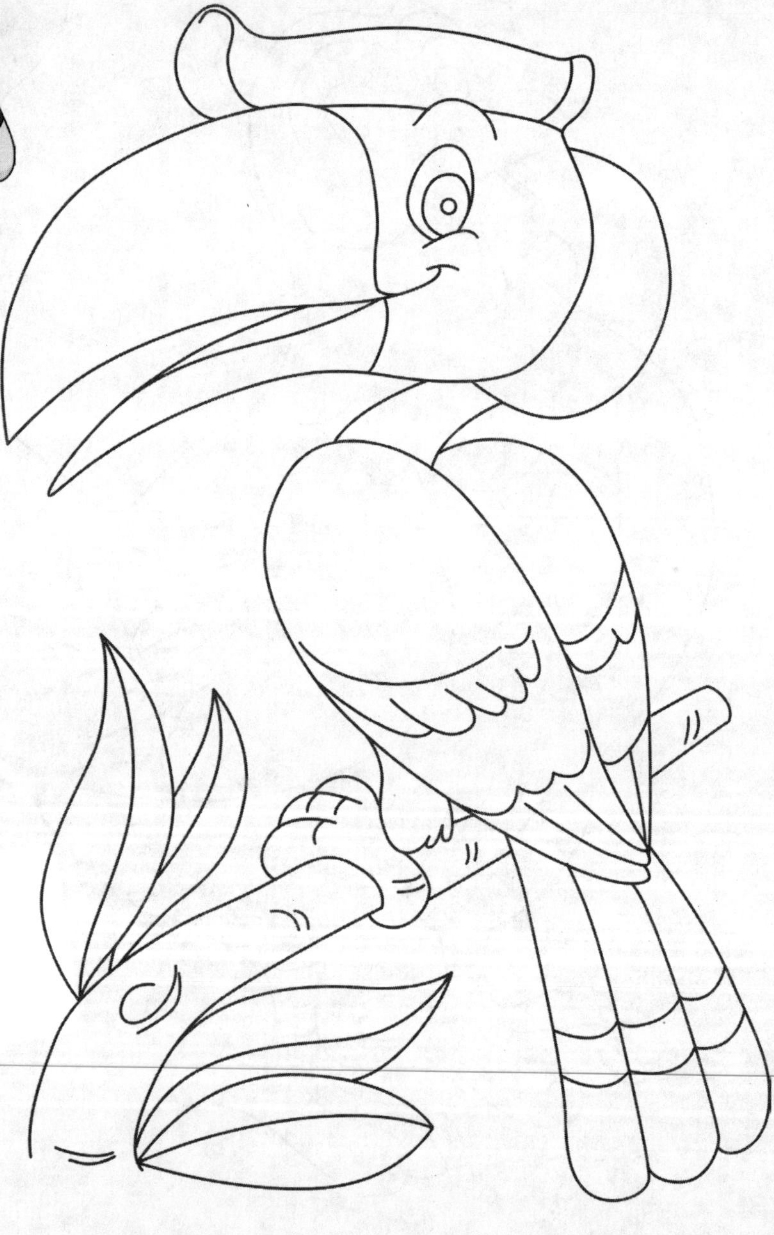

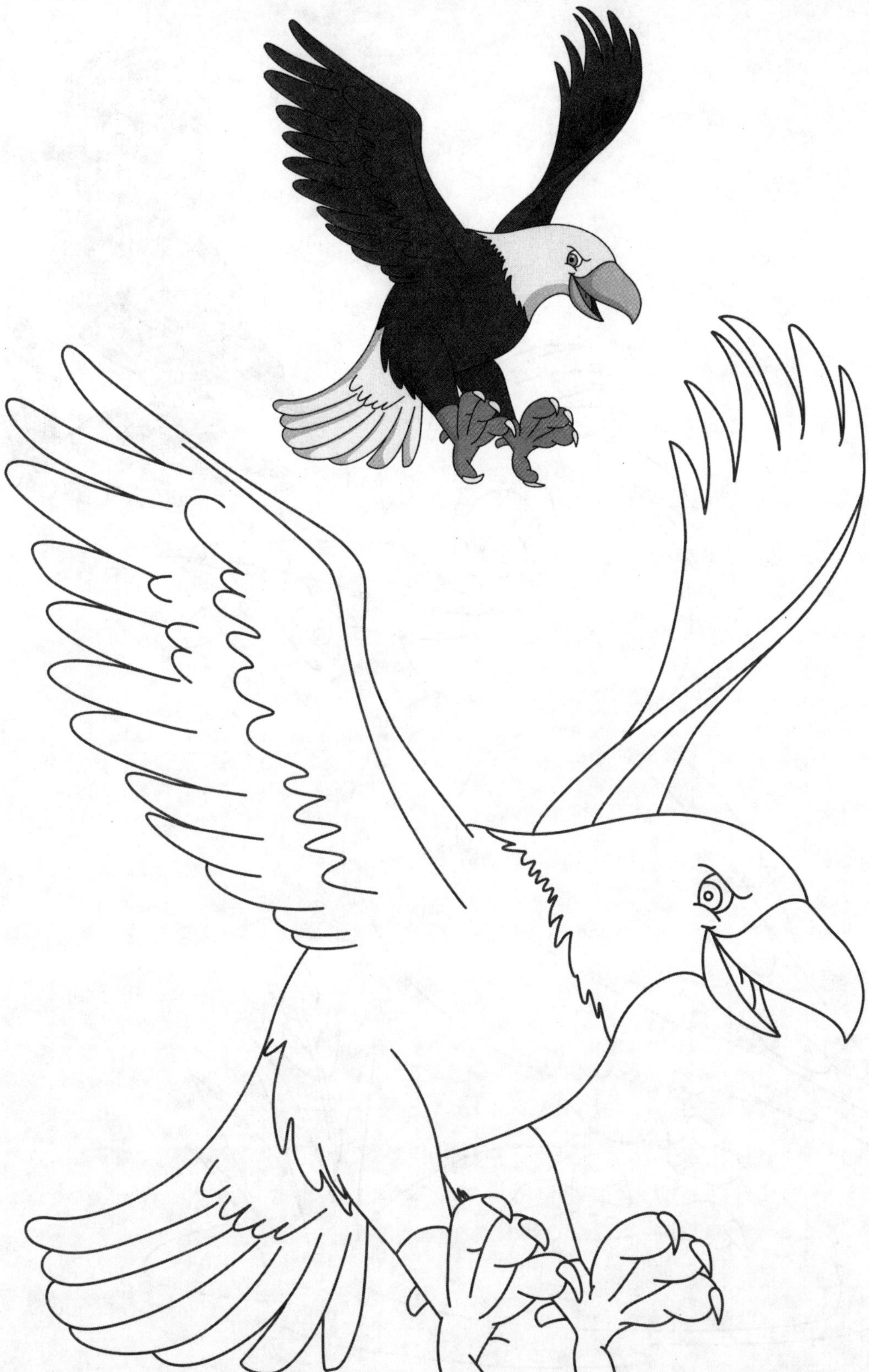

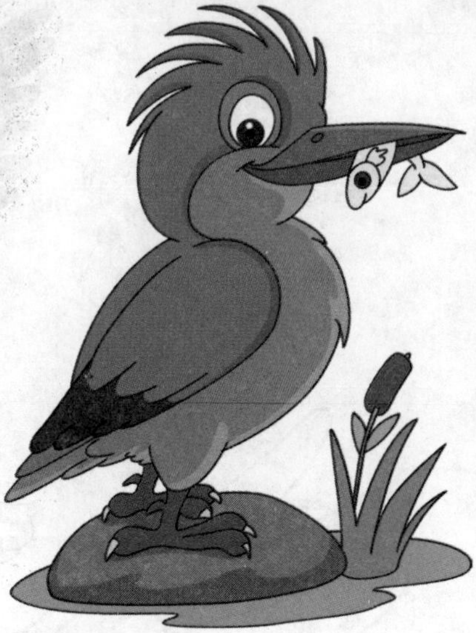
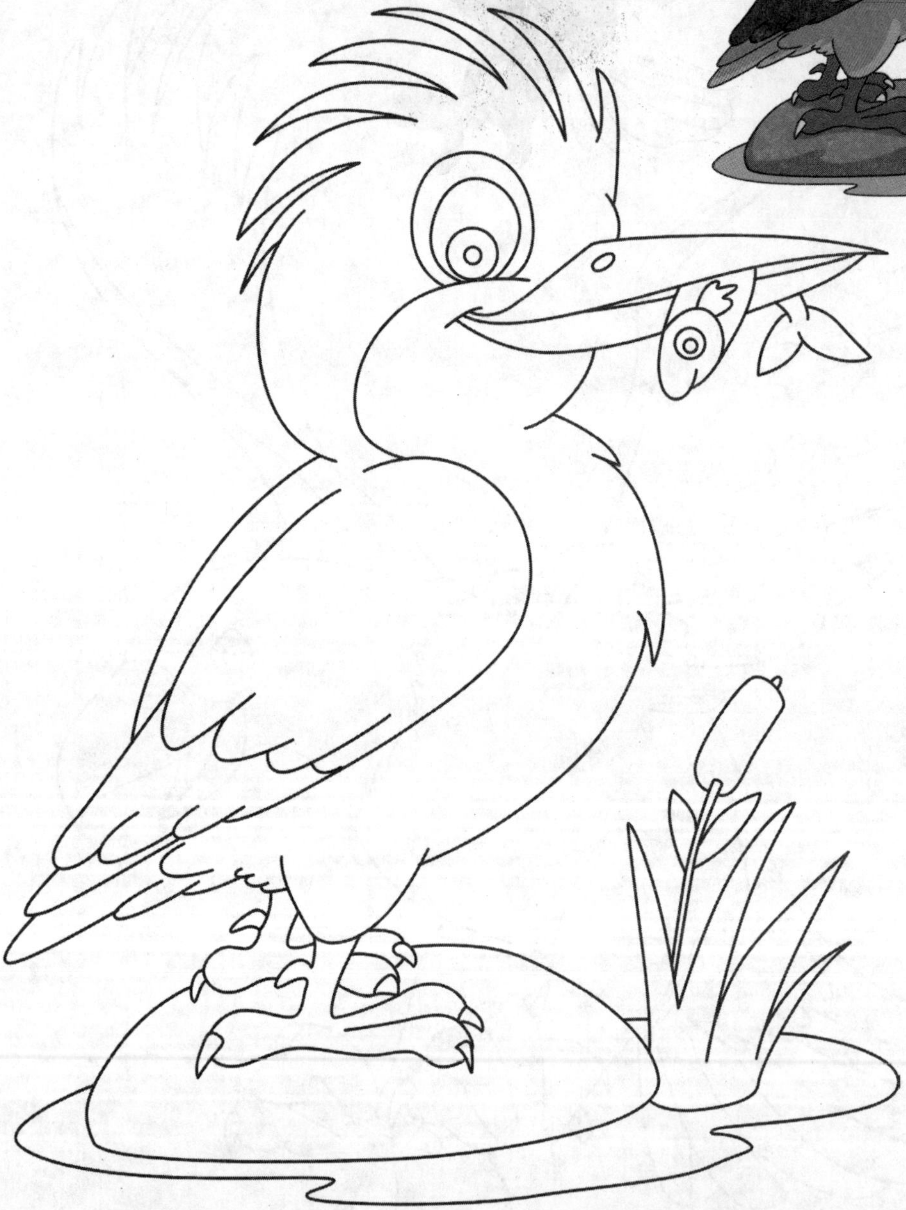

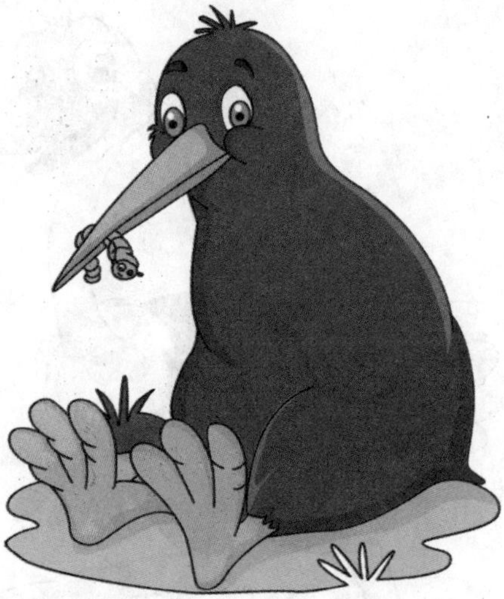
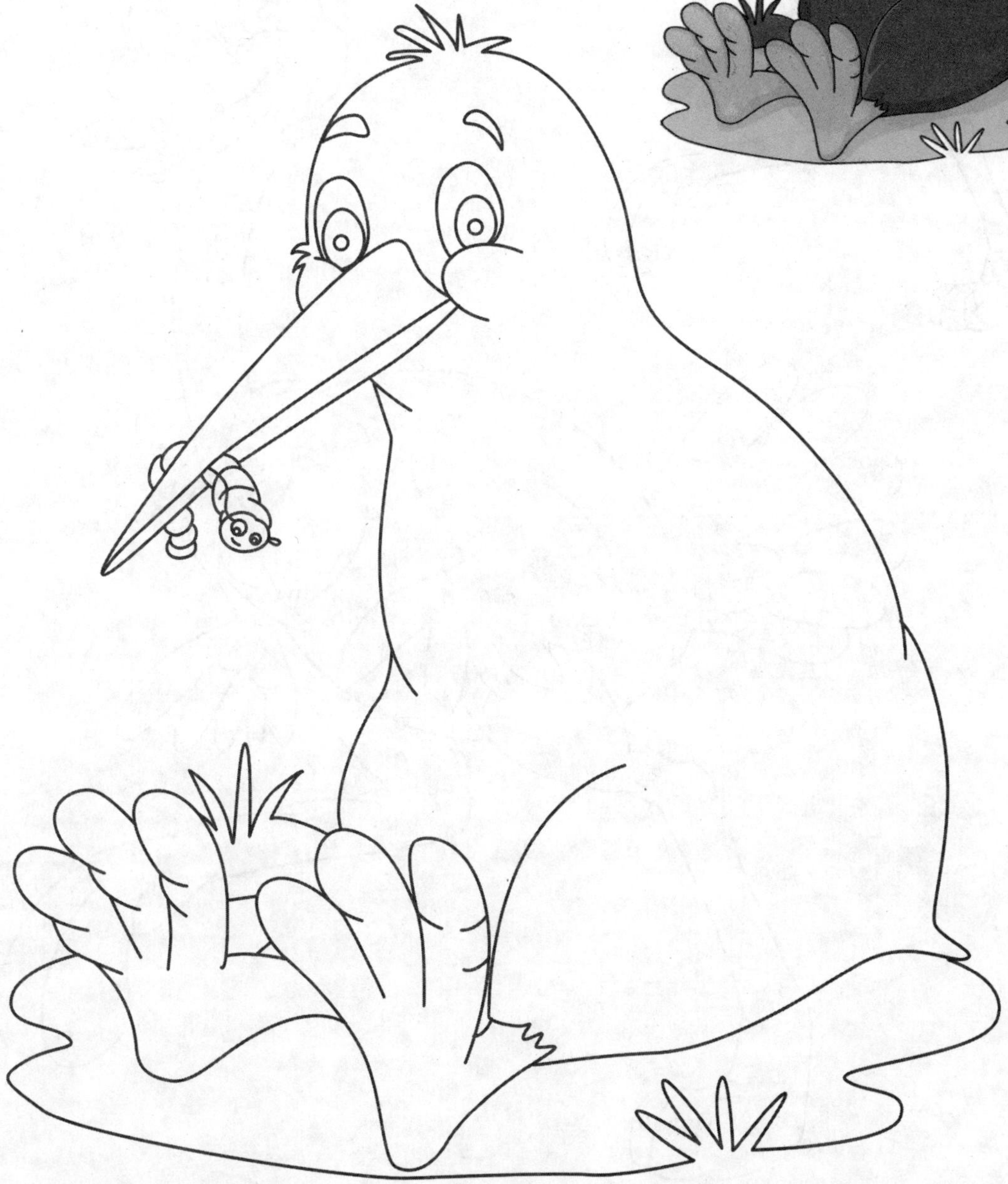

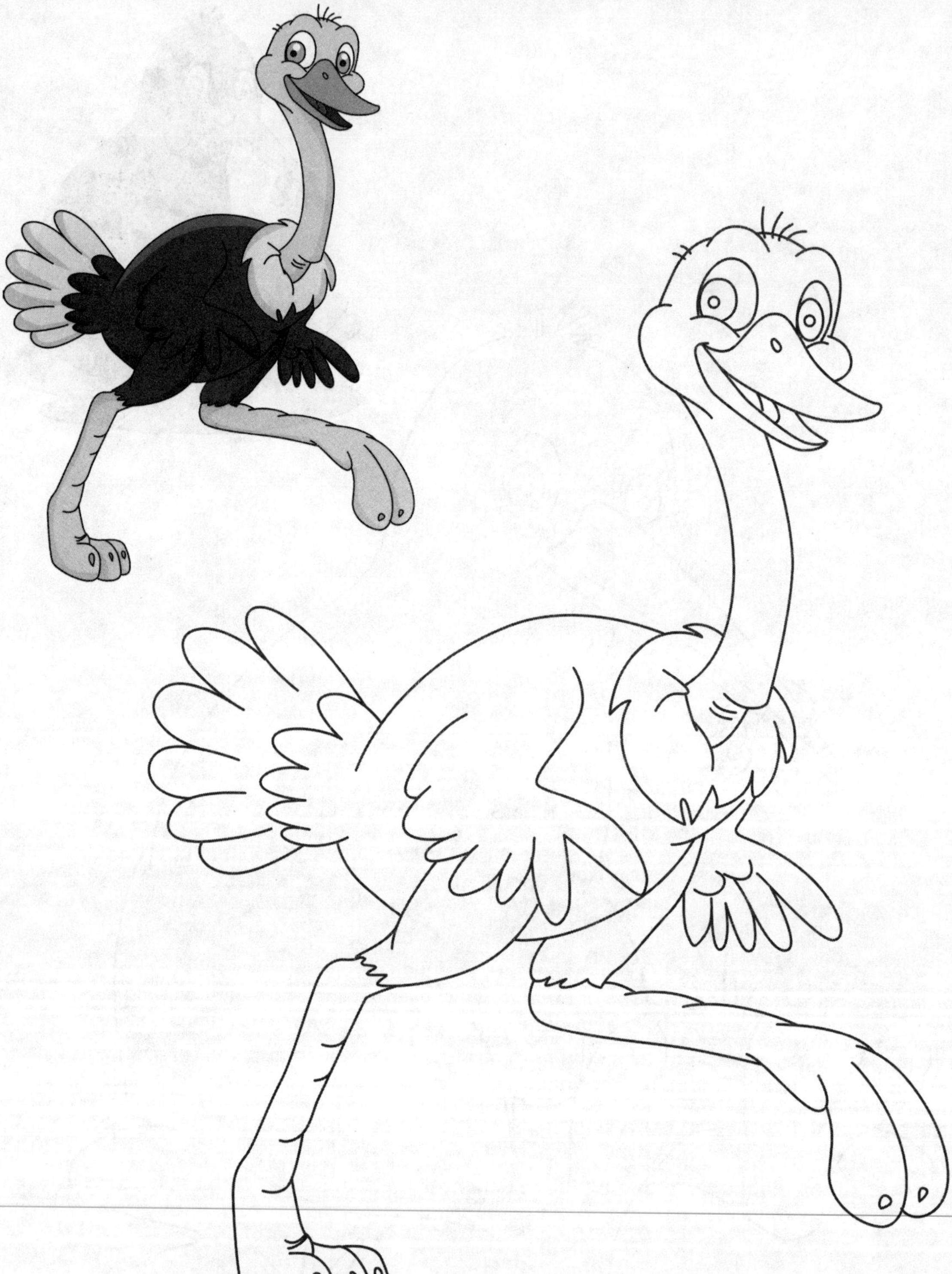

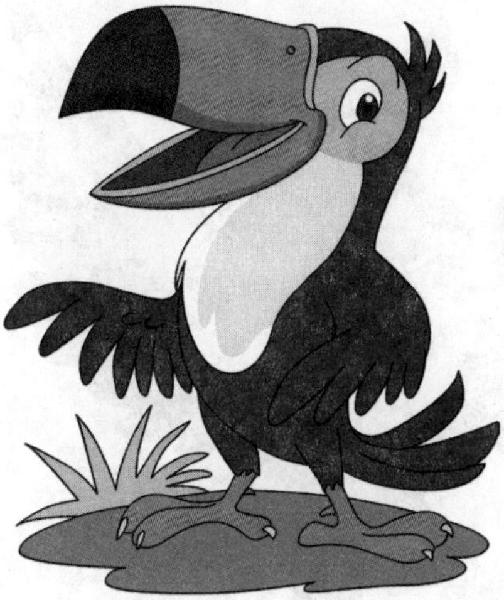

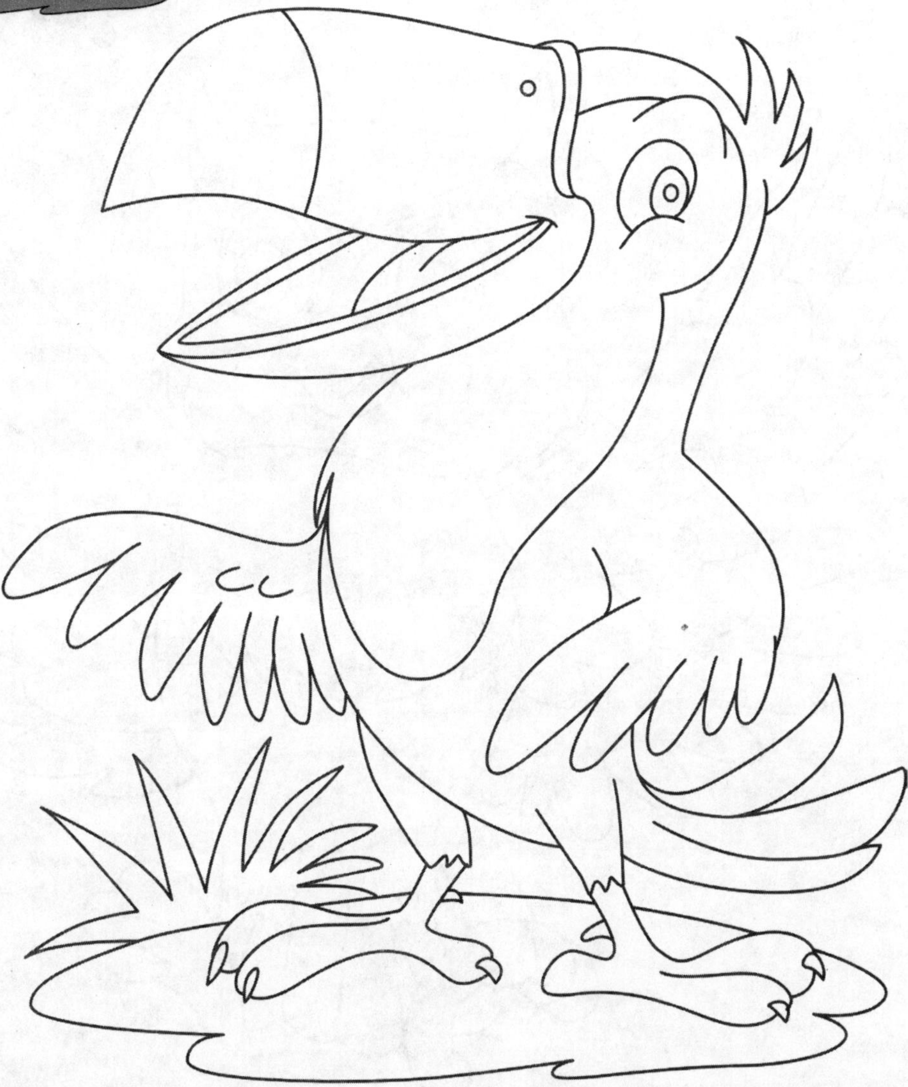

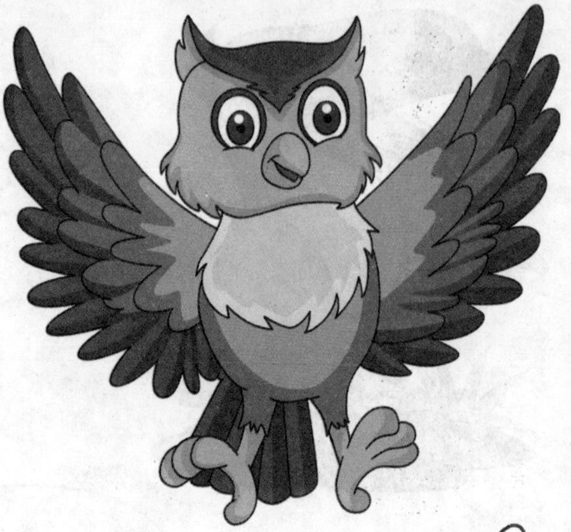

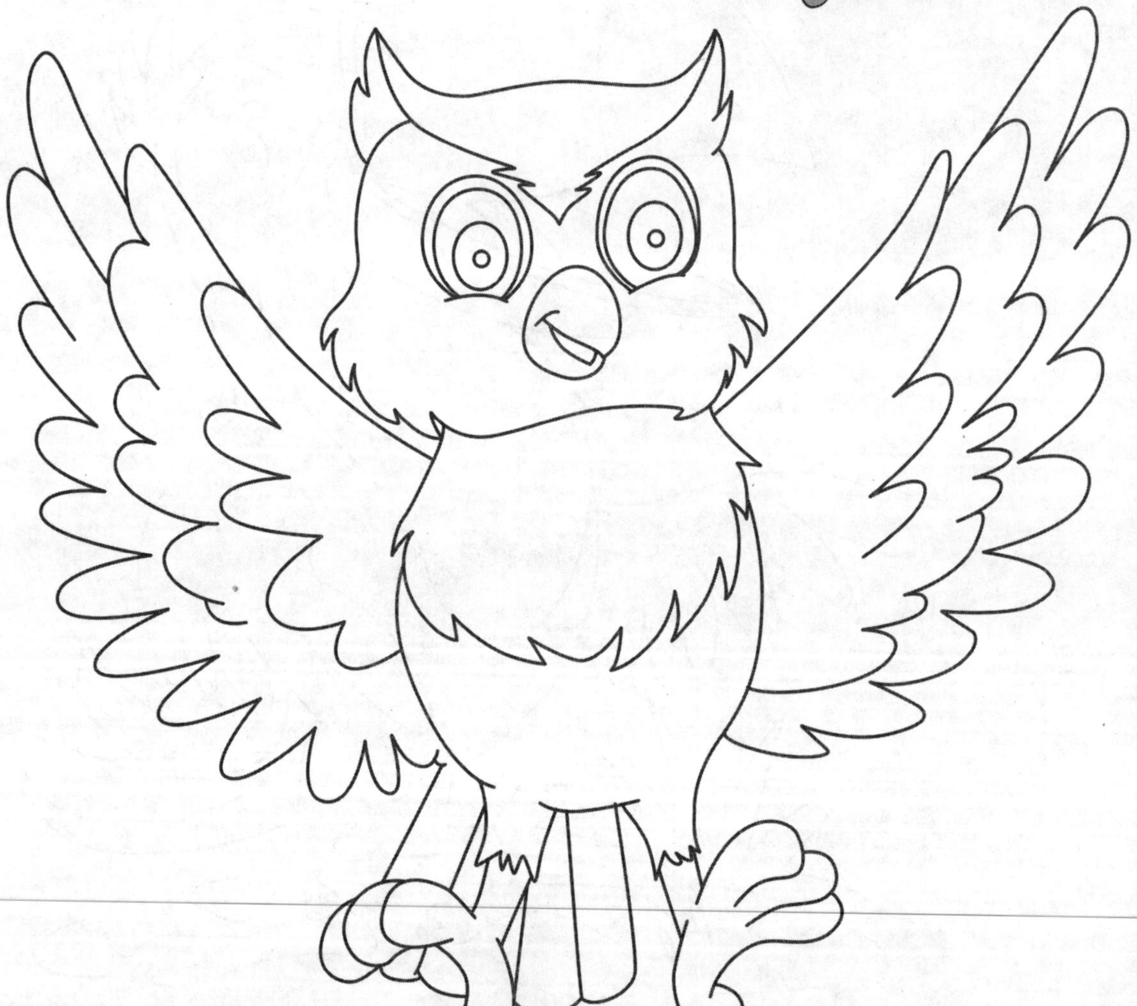

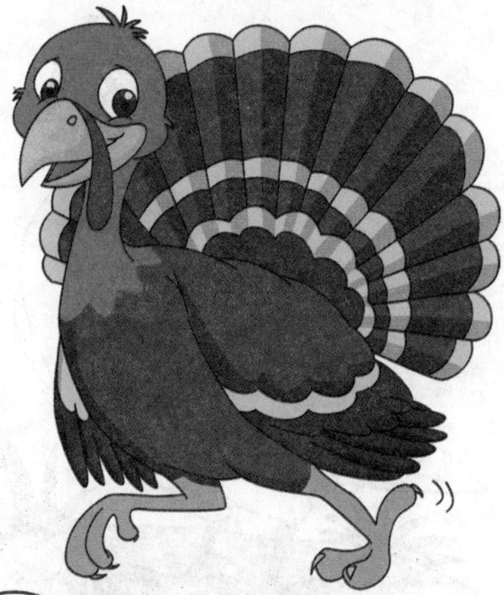

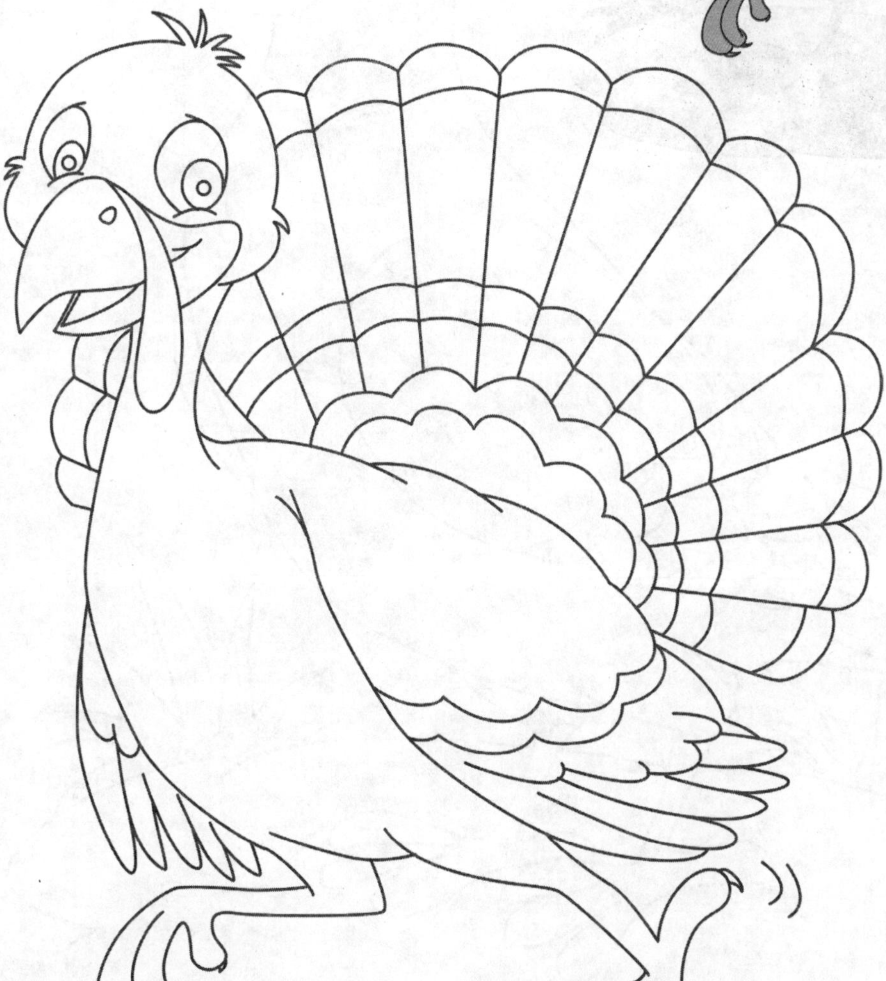

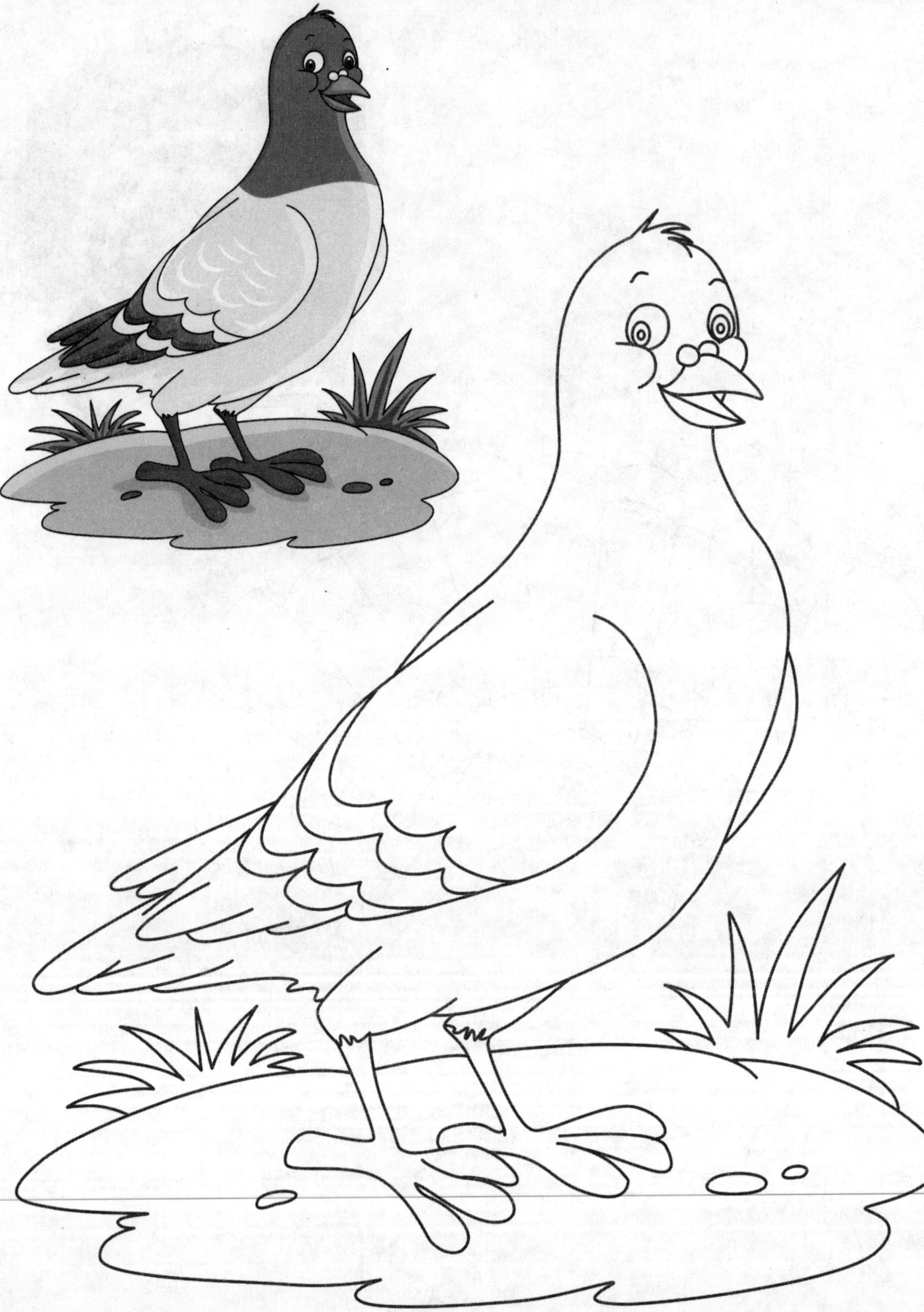

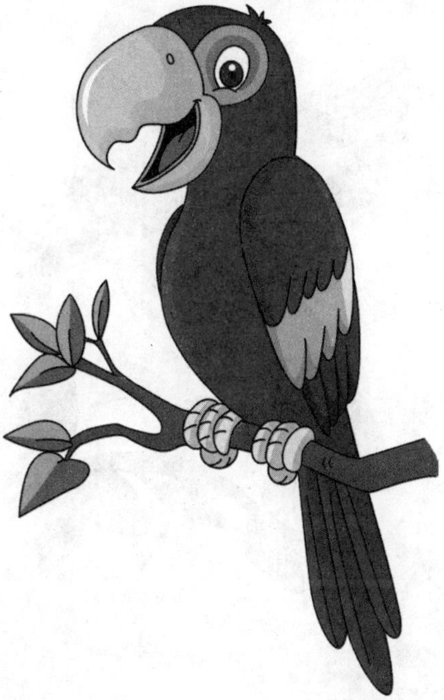

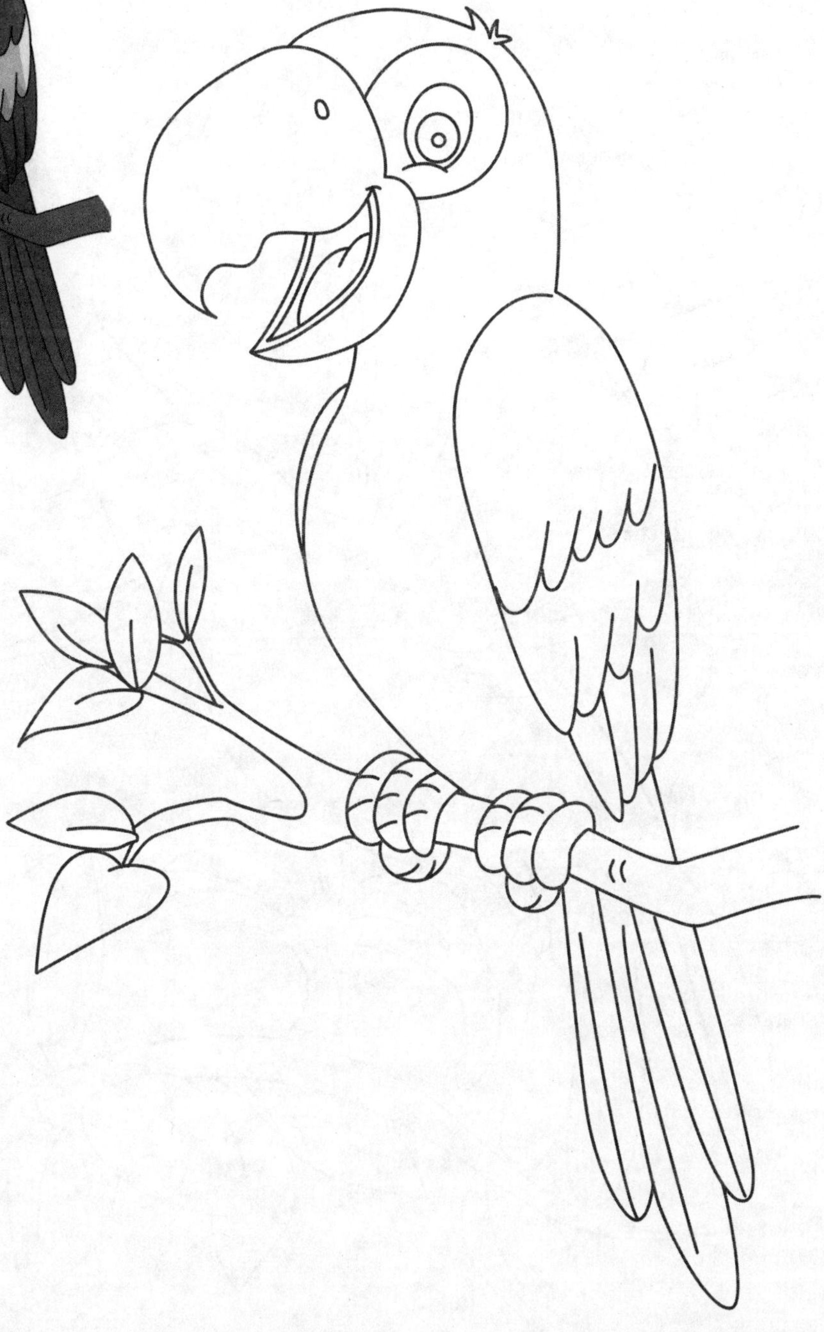

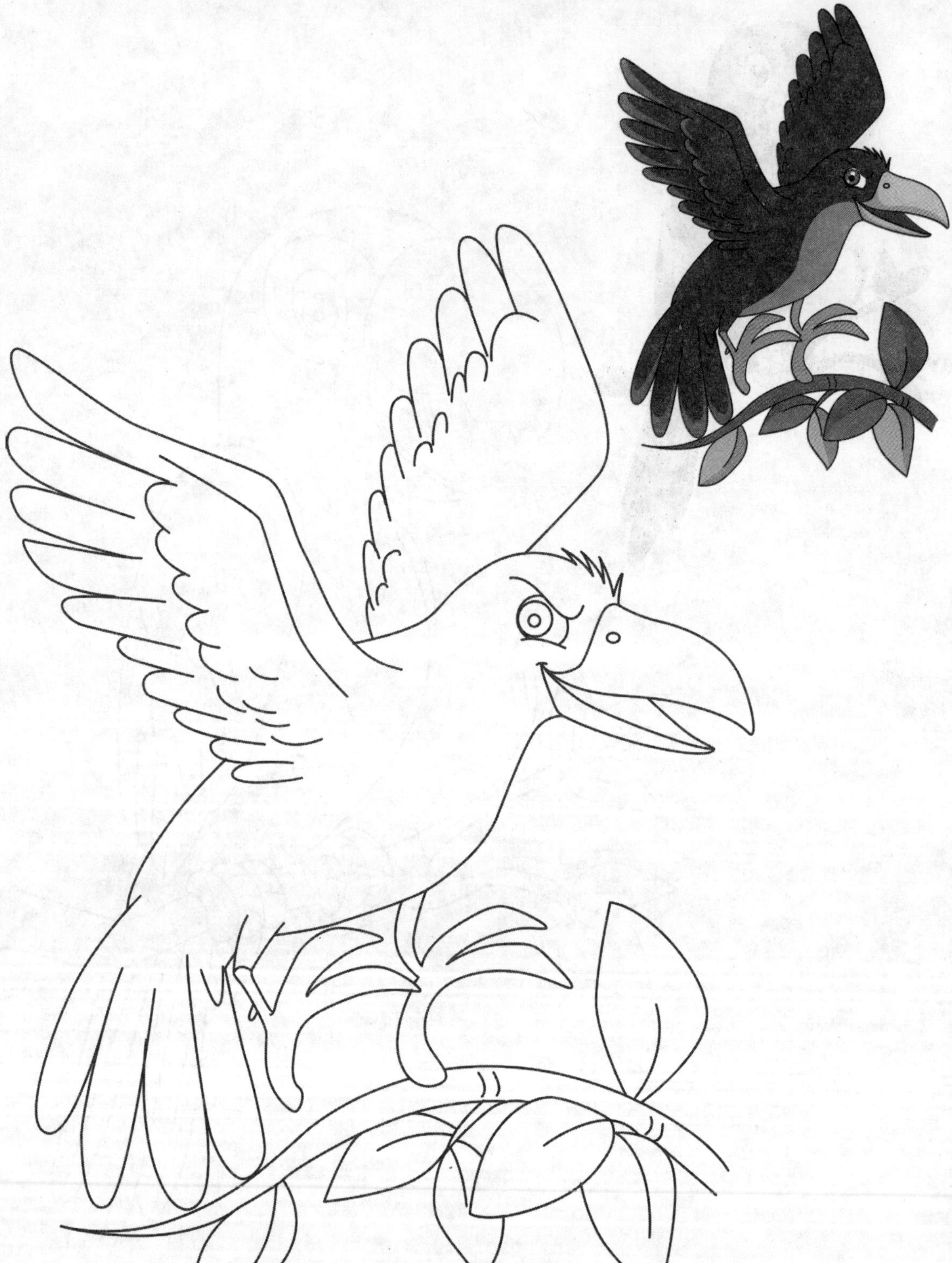

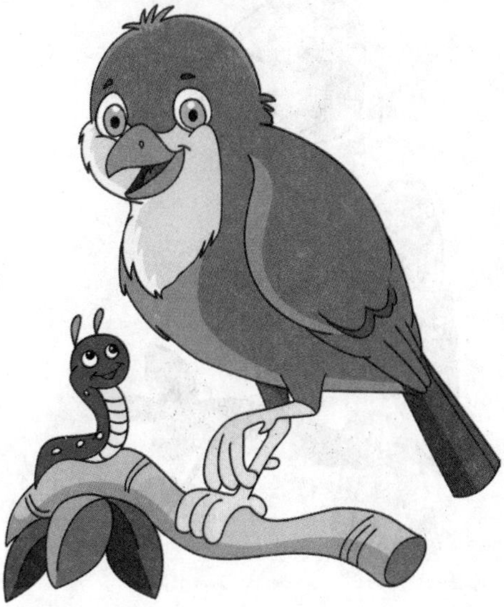

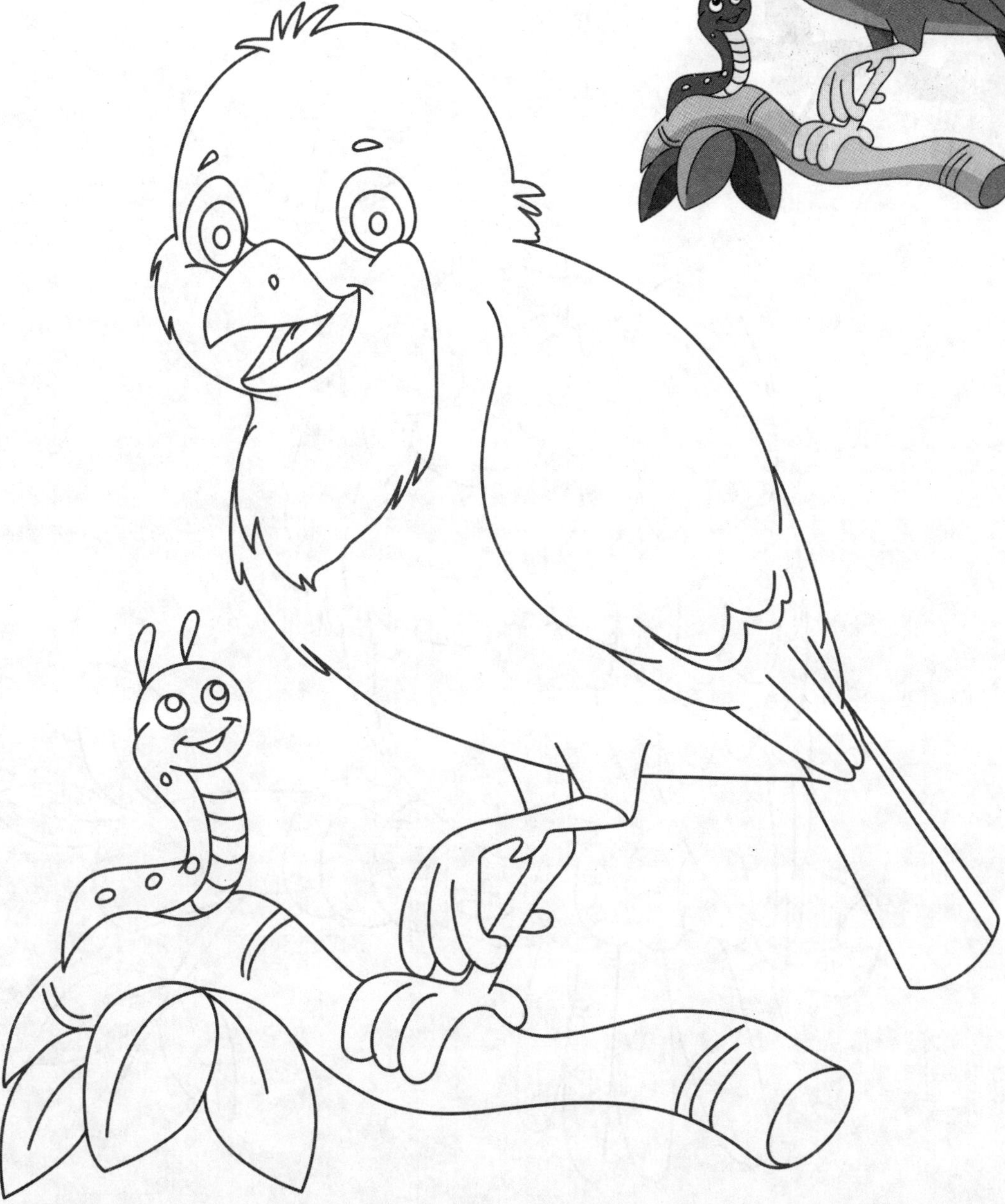

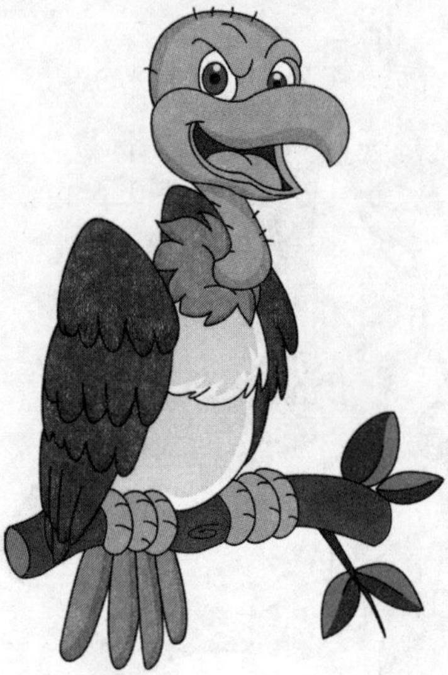

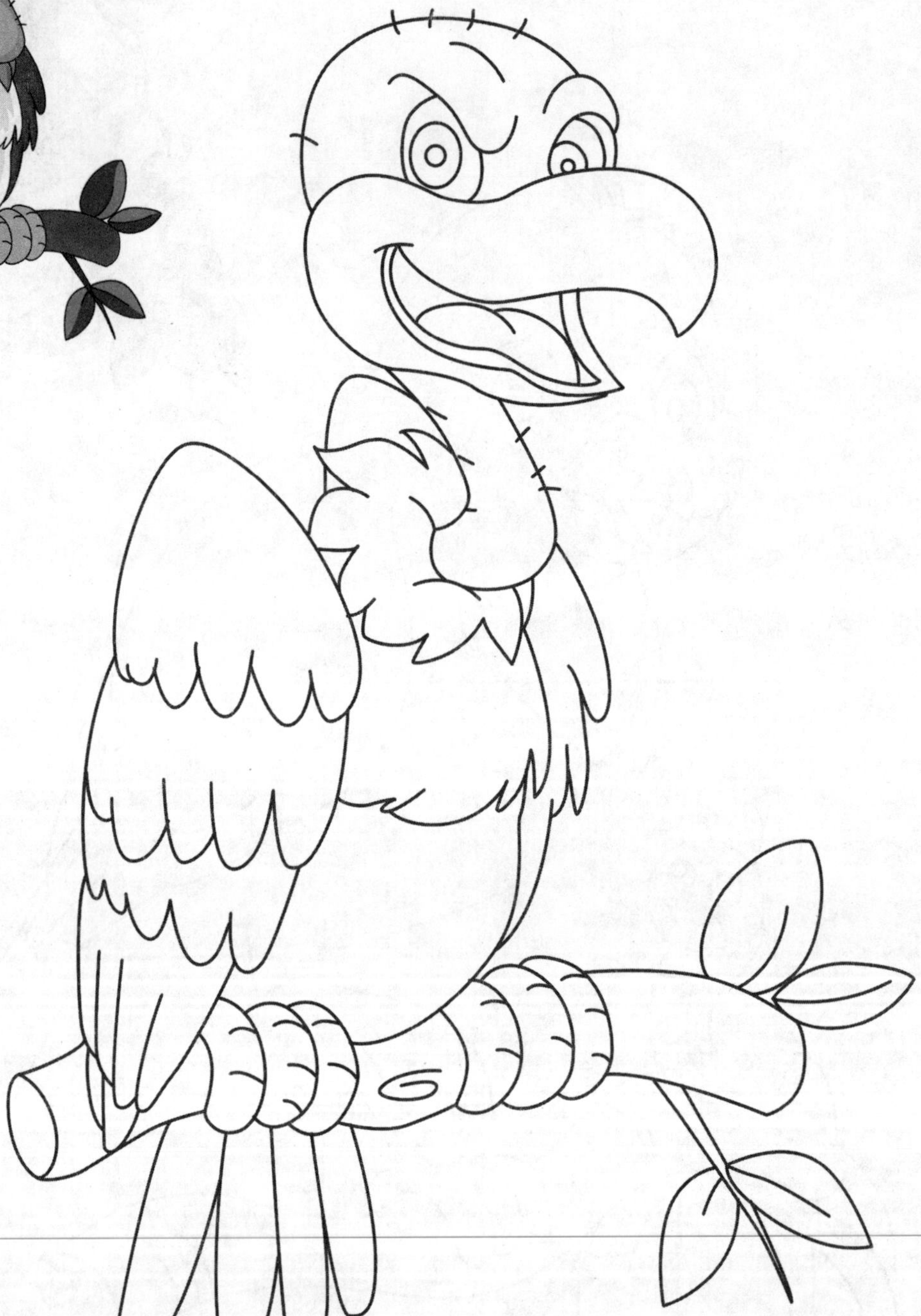

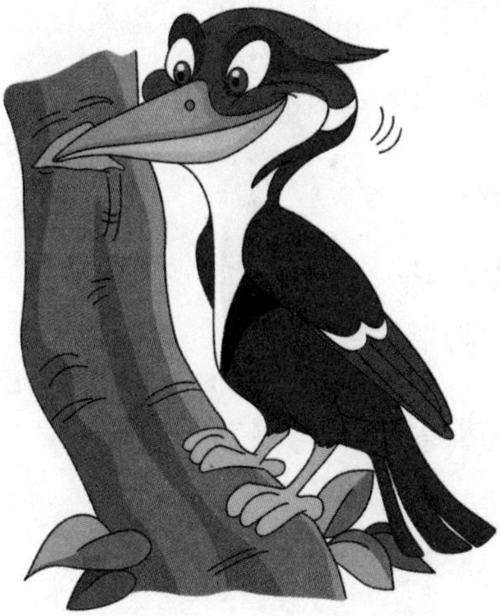

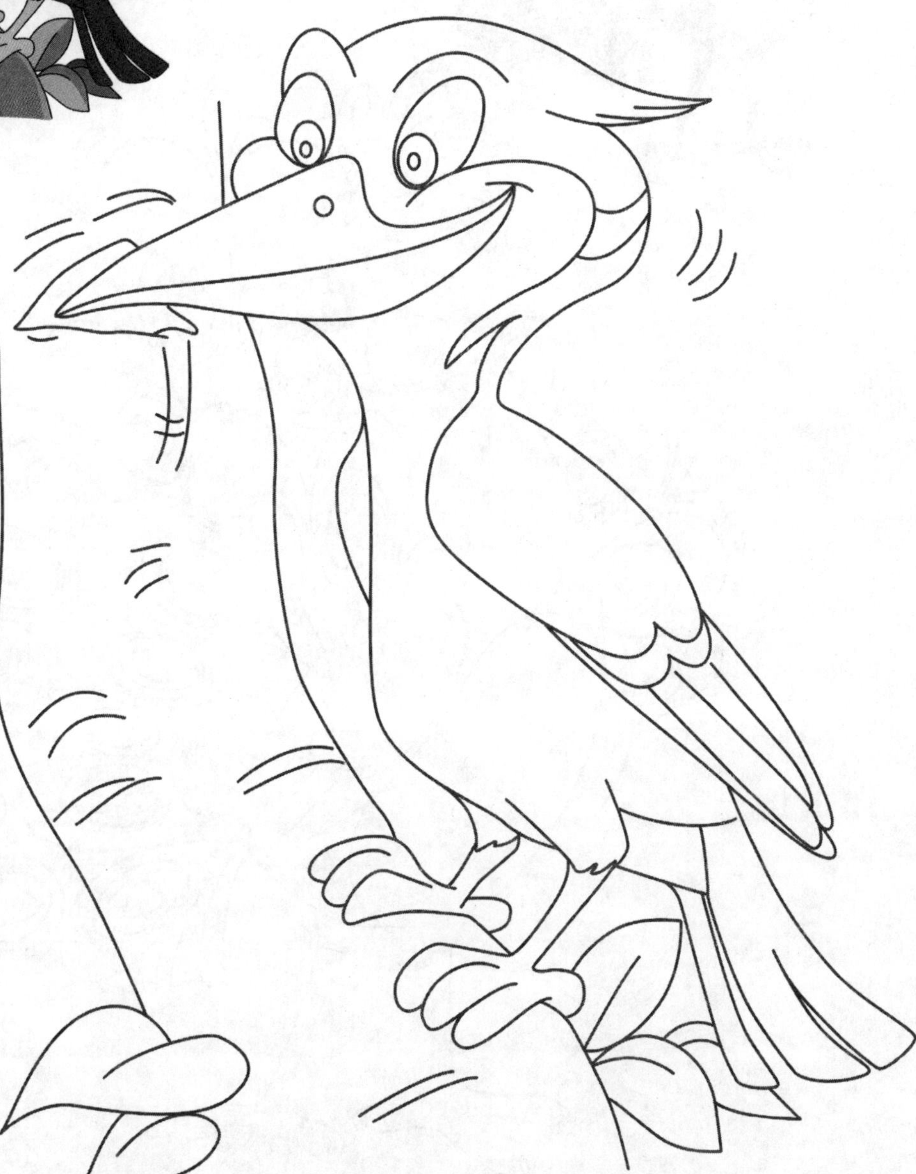

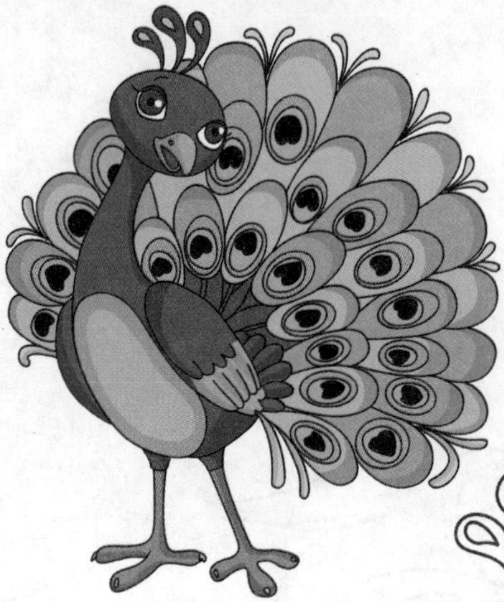
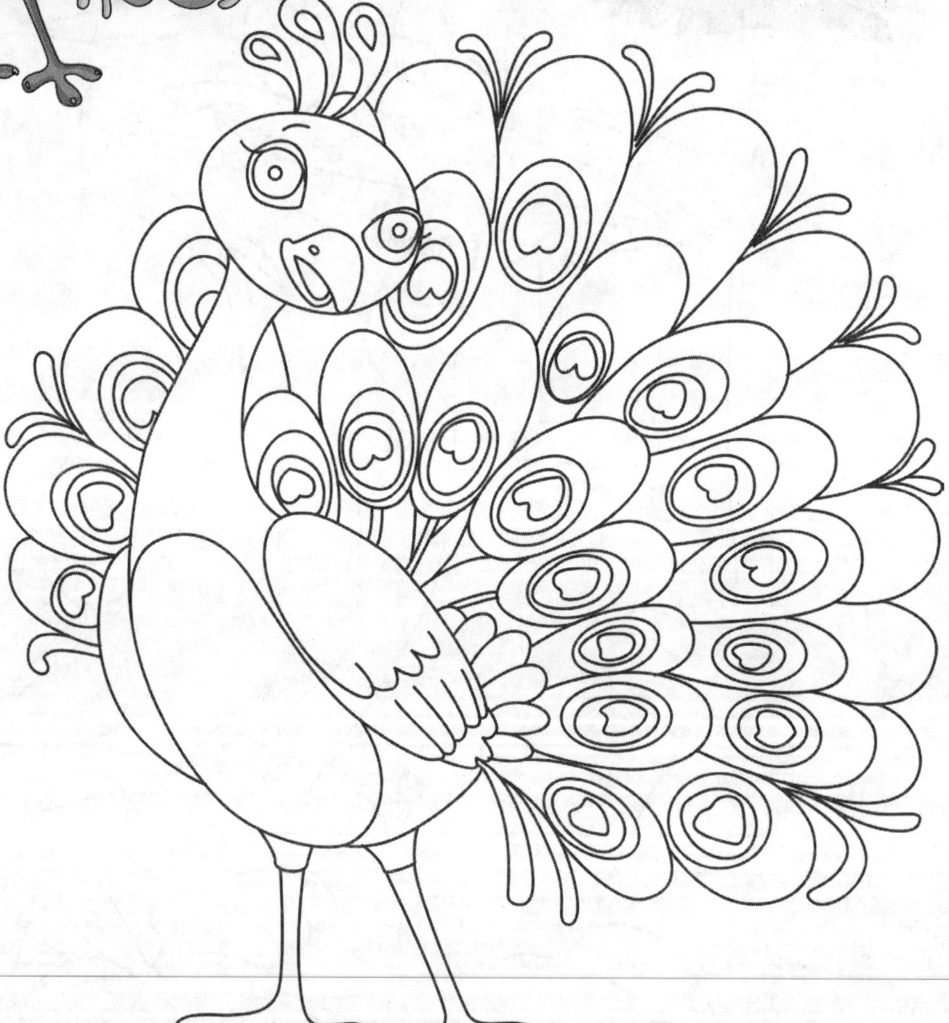